On VICTORY of MR. DONALD TRUMP

トランプ新大統領で世界はこう動く

大川隆法
RYUHO OKAWA

Preface

This is "what I believe."

America is still alive.

America should be America.

America should be a great and strong teacher.

The result shows God's will.

Now is the time to believe.

The victory of Mr. Donald Trump is the answer.

He will rebuild the United States greater again.

I hope so. We hope so. People of the world hope so.

This is the correct answer.

America shall not be divided again.

Nov. 11, 2016

Master and CEO of Happy Science Group

Ryuho Okawa

はじめに

これが「私の信じること」だ。
アメリカは、まだ生きていた。
アメリカは、アメリカであるべきだ。
アメリカは、偉大かつ力強い教師であるべきだ。
（大統領選の）結果が神の意志を示している。
今、それを信じなくてどうする。
ドナルド・トランプ氏の勝利こそ神の答えなのだ。
彼は合衆国を再建し、再び偉大ならしめるだろう。
私はそう希望し、私たちはそう希望し、
世界の人々もそう願っている。
この答えで正しいのだ。
アメリカが再び分裂することはないだろう。

2016年11月11日

幸福の科学グループ創始者兼総裁

大川隆法

Contents

Preface 2

1 Guardian spirit already said, "I will be the next president" in January of this year 10

2 His victory comes from his strategy and God's wind from Heaven 16

3 Trump will end the conflict in Middle East 22

4 He is the president of 'wisdom and courage' 26

5 Economic strategy against China 28

6 Two sides of Trump: economic thinking and world justice 36

7 America should play the role of world policeman again 40

目　次

はじめに ……………………………………………………… 3

1　今年1月の時点で守護霊は「次期大統領」を
　　自称 ……………………………………………………… 11

2　勝因は「戦略勝ち」と「天上界の〝神風〟」 …………… 17

3　トランプは中東の紛争を終わらせる ……………… 23

4　「知恵と勇気」の大統領 ……………………………… 27

5　対・中国の経済戦略 ………………………………… 29

6　トランプの二側面：「経済的思考」と「世界正義」…… 37

7　アメリカよ、再び「世界の警察官」となれ ………… 41

Q & A

Question 1 Guidance on how to unite the divided America after the election 46

Question 2 Will Trump's lower tax policy be successful? 58

Question 3 How will America's relation with Russia change? 72

★ The lecture and the Q&A session were conducted in English. The Japanese text is a translation added by the Happy Science International Editorial Division.

質疑応答

質問1　選挙で二分されたアメリカをまとめるには 47

質問2　トランプの減税政策は成功するか 59

質問3　アメリカとロシアの関係はどう変わるか 73

※本書は、英語で収録された法話と質疑応答に和訳を付けたものです。

On Victory of
Mr. Donald Trump

November 10, 2016 at Happy Science General Headquarters, Tokyo
On Victory of Mr. D. Trump

トランプ新大統領で世界はこう動く

2016年11月10日　東京都・幸福の科学総合本部にて
ドナルド・トランプ氏の勝利について

1 Guardian spirit already said, "I will be the next president" in January of this year

Yesterday, we recognized the conclusion of the presidential race of the United States, and as you know, Donald Trump won. It's very happy for us because we did "a little" for Mr. Trump. My cuffs button, this is not so precious one, but he gave me these cuffs in

1　今年1月の時点で守護霊は「次期大統領」を自称

　昨日、アメリカ大統領選挙の結果が判明し、ご存じの通りドナルド・トランプが勝利しました。トランプ氏に対しては〝ささやかな応援〟をしていましたので、私たちとしても非常に喜んでおります。私が今つけているカフスボタンは、それほど高価なものではありませんが、彼が私

On the early morning of November 9, 2016, the president-elect Donald Trump gave his victory speech in New York.

大統領当選を受け、11月9日未明、ニューヨークで勝利演説をするドナルド・トランプ氏。

1 Guardian spirit already said, "I will be the next president" in January of this year

respect for my New York mission.* So, I appreciated him and he also appreciated me. We are Avengers†, so we can respect each other.

Early this year, in January, I published the spiritual message from the guardian spirit of Donald Trump. In that book, he already said, "I'm not the frontrunner of the presidency. I will be the next president." He repeatedly said so. And this was not a joke. He became president, as you know. This is his confidence, I think so.

『守護霊インタビュー
ドナルド・トランプ
アメリカ復活への戦略』
(幸福の科学出版)

The Trump Card in the United States: Spiritual Messages from the Guardian Spirit of Donald Trump (Tokyo: HS Press, 2016).

1　今年1月の時点で守護霊は「次期大統領」を自称

のニューヨーク伝道（注1）に敬意を表して贈ってくれたものです。私は彼にお礼を伝え、彼からもお礼の言葉がありました。私たちは「アベンジャーズ（注2）」ですので、互いに尊敬し合っているのです。

　今年の初め、1月でしたが、私はドナルド・トランプ守護霊の霊言を出版しました。その本の中で彼はすでに、「私は大統領の最有力候補などではない。次期大統領である」と何度も言っていました。それはジョークではなかったわけで、ご覧の通り大統領になりました。それほど自信があったのだと思います。

★ On October 2nd, 2016, Master Ryuho Okawa gave a lecture in English, "Freedom, Justice, and Happiness" at Crowne Plaza Times Square Manhattan in New York.
（注1）2016年10月2日、大川総裁はアメリカ・ニューヨークのクラウン プラザ タイムズ スクエア マンハッタンで「Freedom, Justice, and Happiness」（自由、正義、そして幸福）と題し英語説法を行った。

†A piece featuring a team of various American comic book heroes. A film was made in 2012 which was considered a big hit, and a sequel was released in 2015.
（注2）複数のアメリカン・コミックヒーローが登場し、チームを組んで活躍するクロスオーバー作品。2012年に映画化され大ヒットを記録し、2015年に第2作が公開された。

1 Guardian spirit already said, "I will be the next president" in January of this year

But at the time, audience might have thought that it was his joke because he said at the time that he's the rebirth of George Washington, the founder of the United States and he said, "I will be the next president." So, the audience might have felt that he's just joking, or as always, he said that he talks a lot about him, bigger than he is.

But in reality, he said the truth and in that conversation, our Miss Isis Mariko talked about him that he's an honest man and he thought that it's very suitable for him. And I visited this October and gave a lecture at New York's hotel and I repeatedly said he's an honest man and reliable man and responsible man. This is my honest opinion of him.

1　今年1月の時点で守護霊は「次期大統領」を自称

　しかし当時、聞いていた人たちは、ジョークだと思ったのではないかと思います。彼は、「自分はアメリカ建国の父であるジョージ・ワシントンの生まれ変わりだ」と言い、「次期大統領は私だ」と言っておりましたので、聞き手は、ただのジョークか、例によって大口をたたいているに過ぎないと感じたかもしれません。

　しかし、実は本当のことを言っていたわけです。その霊言の中でイシス真理子さんが、トランプのことを「正直者」と評しましたが、彼は、その言葉が非常に自分に合っていると思ったようです。私はこの10月にニューヨークに行き、ニューヨークのホテルで説法したときも、「彼は正直で頼れる、責任感の強い人物です」と繰り返し述べました。それが、彼についての率直な感想です。

2 His victory comes from his strategy and God's wind from Heaven

To tell the truth, American mass media and Japanese mass media and, of course, a lot of intelligent people who can speak a lot about him by writing or by speaking through the media didn't think his victory. But I continuously insisted that he deserves to be the next president. He has such kind of capacity and reliability as the next president of the United States. But American scholars and journalists couldn't understand what I said because Donald Trump is very difficult to understand from the outside.

    He, himself, has new weapon for new age. This is the weapon through his mouth, I mean, the radical words, radical and creative words. Sometimes it sounds very extreme, and sometimes he was told that he is accustomed to make sexual harassment or racial harassment, like that. But I think that he indeed is a gentleman and he sometimes acts like Mr. Duterte of the Philippines, but in

2　勝因は「戦略勝ち」と「天上界の〝神風〟」

　実際のところ、アメリカのマスコミも日本のマスコミも、メディアを通じて書いたり話したりして彼についていろいろ論評することのできる知識人たちの多くも、彼が勝つとは思っていませんでした。私は一貫して、「トランプが次の大統領にふさわしい。次期アメリカ大統領たるべき実力があり信頼できる」と主張してきましたが、アメリカの学者やジャーナリストは私の主張が理解できませんでした。ドナルド・トランプは、外側からは非常に分かりにくい人だからです。

　彼自身は新時代の新しい武器を持っています。すなわち「口」という武器であり、過激かつ創造性を持った言葉です。極端に聞こえたり、セクハラや人種的嫌がらせなどを言う癖があると言われたりすることもありますが、実は紳士的な人だと思います。フィリピンのドゥテルテ氏のような言動を見せることもありますが、実際はそういうタイプではありません。きわめて頭のいい賢明な人で、マスメディア

reality, he is not such kind of type. He is a very intelligent and wise person, and he has calculations for the reaction of the mass media.

And I guessed that he will win, this summer, because Mr. Trump let the media dance at his will. When we read newspapers from America or we watched TV of the American news, Mr. Trump appeared twice as many times as Ms. Clinton. It is a strategy, I think so. He is very wise, clever. His money for running the presidency was smaller than Ms. Clinton's money and also, his moving mates for presidency had been fewer than Hillary's. But he finally won.

In reality, when we watched the TV yesterday, we felt some kind of so-called *kamikaze*, the wind of god, from Heaven. The real difference of the number of the votes is about one million or so*. Of course, Mr. Trump won against Ms. Clinton, but almost one million. But

---

* The total popular vote as of 2 pm on Nov. 11 (JST), the day after this lecture, was roughly 60.05 million for Trump and 60.44 million for Clinton.

2　勝因は「戦略勝ち」と「天上界の〝神風〟」

の反応を計算しています。

　私は夏の時点で、「彼が勝つ」と見ていました。トランプ氏がメディアを意のままに踊らせていたからです。アメリカの新聞を読んだりアメリカのニュース番組を観ていると、トランプ氏はクリントン氏の２倍、露出していました。これが戦略だったと思います。実に賢く巧妙です。大統領選の活動資金はクリントンより少なく、選挙運動への動員人数もヒラリーより少なかったわけですが、最終的には勝利しました。

　実際、昨日はテレビを見ていて、天上界からのいわゆる「神風」を感じました。実際の得票数の差は100万票（注）ほどでした。もちろんトランプ氏がクリントン氏に勝ったわけで、100万票ほどの差でしたが大勝利でした。これは「戦略勝ち」でしょう。今年、世界中でドナルド・トランプは

（注）本法話が説かれた翌11月11日14時（日本時間）時点の得票数はトランプ約6005万票、クリントン約6044万票。

he got a great victory. It comes from his strategy, I think so. People of the world know Donald Trump very much in this year. His strategy of the propaganda was very systematic and reasonable.

So, it's a very good sample even for us in Japan to deal with political activity of Japan. If the mass media predict the result of the election, it always holds true. But in America, as you just watched several or ten or more hours ago, the result could change.

I think this is one aspect of democracy. People who have the right for voting can choose by their own, or his own or her own, thinking. Just on their own mind, not on the tendency of the mass media or intelligent people or casters or famous scholars. They hear from them, but they judge by themselves and they change their mind in these two or three days, I guess so. This is, from one aspect is, kamikaze, the god's wind. I have been blowing God's wind from Heaven, so that several million people would change their mind through these two or three days.

非常に有名になりました。彼の宣伝戦略はたいへんシステマティックで理にかなっていました。

　これは日本の私たちにとっても、政治活動をする際に非常に参考になる事例です。（日本では）マスメディアが選挙結果を予想すると必ずその通りになりますが、アメリカでは、ほんの十数時間前に目にしたように、違った結果になることがあるわけです。
　これは民主主義の一側面だと思います。有権者はマスメディアや知識人、ニュースキャスター、有名な学者などに引っ張られず、自分の考えだけで選ぶことができるわけです。そういう人たちの意見を聞くことは聞きますが、判断するのは自分であり、この２、３日で考えが変わったと思われます。これは、「神風」の一つの側面から来ているものです。私が天上界から「神風」を吹かせていましたので、最後の２、３日で考えを変えた人が、何百万人か、いたはずです。

3 Trump will end the conflict in Middle East

And in addition to that, we, Happy Science, especially the members of the USA, acted politically. It might be the first experience for them. We are a religion born in Japan and usually counted as the minority-type of religion and, of course, our American members support the Democrats rather than the Republicans usually because they are requiring the equal rights for White-American, WASP people.

But this time, I predicted that now, it's time for strong president or it's time America should be America, America should be stronger. It's the last chance for them to make rebalance between the world powers because during the presidency of Mr. Barack Obama and these eight years, he has a tendency of withdrawing and declining. So, it's made the world more complicated.

3　トランプは中東の紛争を終わらせる

　それに加えて、私たち幸福の科学が、特にアメリカの信者が政治活動をいたしました。初めての体験だったかもしれません。私たちは日本発の宗教で、ふだんはマイナーな宗教だと思われていますし、やはりアメリカの当会信者は共和党より民主党支持者のほうが多いのです。白人のアメリカ人、WASPと言われるアングロサクソン系の人たちと平等な権利を求めているからです。

　しかし今回、私は、「今こそ、強い大統領が必要である。アメリカがアメリカであるべき時である。アメリカは、もっと強くならねばならない」と予言しました。「彼らが世界の強国の間のバランスを取り戻すための、最後のチャンスである」と。バラク・オバマ氏はここ8年間の大統領任期中、撤退し衰退していく傾向性を有していたからです。ゆえに、世界は混乱を増すこととなりました。

3 Trump will end the conflict in Middle East

For example, the trouble of the Syria and Iraq, I mean the IS. If there were not Mr. Obama and Mrs. Clinton, at that time, there would be no IS now. Mr. Obama's lure for peaceful world or Nobel Prize-like peaceful world caused the next turbulence in Iraq and Syria. There appeared ISIS and they are battling now. Donald Trump may cease the fire because he has such kind of ability and judgment and capability.

And Mr. Obama's great failure was his misunderstanding for Russia. He made the worst relationship between Russia and the United States. It's made quite opposite to his rebalance policy. It makes the world balance worse and worse. It makes Russia alone and lets Russia close to China.

Mr. Obama and Mrs. Clinton did nothing for the North Korean policy. They just pushed Beijing, I mean the People's Republic of China. But in reality, it means their weakness, I think so. If the president were Bush Jr., North Korea couldn't do such rude deeds again and again.

たとえばシリアとイラク、すなわちISの問題です。オバマ氏や（ヒラリー）クリントン氏でなかったら、ISは存在していなかったでしょう。オバマ氏がノーベル賞的な意味での「世界平和」に誘惑されたことが、イラクやシリアに更なる混乱が生まれる原因となりました。そしてISISが生まれ、現在も戦っています。ドナルド・トランプはこの紛争を終わらせるのではないかと思います。それだけの能力、判断力、実力のある方です。

　また、オバマ氏の大失態はロシアを誤解したことです。彼のもとでロシアとアメリカの関係は最悪となりました。彼のリバランス政策と正反対の結果となり、世界のバランスは悪化する一方です。ロシアを孤立させ、中国に近寄らせています。

　オバマ氏とクリントン氏は、対・北朝鮮政策を何一つやらず、ただ単に中国政府に対してプッシュしただけでした。それは、彼らの「弱さ」に他ならないと思います。ブッシュ・ジュニア大統領だったら、北朝鮮はあんな暴挙を何度も繰り返すことはできなかったでしょう。

4 He is the president of 'wisdom and courage'

So, Mr. Trump should learn a lot from today. But I think his intelligence is enough. He is the president of wisdom and courage. Wisdom and courage are most suitable for the forty-fifth president of the United States. They need wisdom.

Barack Obama is a clever person, but he doesn't have enough wisdom, I think so. Hillary also. But Mr. Trump has wisdom and he also has courage. TV reporters of Japan say that Beijing, I mean Xi Jinping, thinks that Hillary would be more difficult to deal with than Donald Trump, and Donald Trump is easy for them to deal with. But I think it's very contrary.

Hillary is the extension of Barack Obama's foreign policy, but Donald Trump would change their diplomatic policy because he is a thinkable man. And he will think of the foreign policy from scratch. He

4 「知恵と勇気」の大統領

　トランプ氏は今日以降、学ぶべきことが数多くありますが、それだけの知性は十分ある方だと思いますし、知恵と勇気を備えた大統領だと思います。「知恵と勇気」が、第45代アメリカ大統領にとって最もふさわしいものです。「知恵」が必要なのです。

　バラク・オバマは頭のいい人ですが、知恵は十分とは言えないかと思います。ヒラリーも同じですが、トランプ氏には「知恵」もあり「勇気」もあります。日本のテレビのレポーターが、「中国の習近平氏は、ドナルド・トランプよりヒラリーの方が扱いづらく、ドナルド・トランプは扱いやすいと考えている」と言っていましたが、まったく逆だと思います。

　ヒラリーの外交政策はバラク・オバマの延長線上だと思いますが、ドナルド・トランプは自分の頭で考えることができるので、外交政策を変えようとするでしょう。外交政策をゼロから考え直すと思います。「平等と公平」の観点

thinks of the world balance from the standpoint of equal-ness and fairness. That is my impression.

People of the world, especially Japanese foreign ministry or government, are just worrying about TPP or Trans-Pacific Partnership treaty. Of course, Donald Trump and Hillary Clinton both declared refusal to join the treaty, but we must think about this seriously, deeply.

5 Economic strategy against China

Donald Trump thinks that the tariff system, I mean the import tax system, is one of the weapons for diplomacy. He thinks so. It means, for example, he can use high tax rate for China if he doesn't like their foreign policy. For example, China wants to intrude some kind of Asian country. He will change the tax rate for China, the import tax rate for China. It is one of the weapons without hot war, without bullet,

から世界のバランスを考えるでしょう。そのような印象を持っております。

世界は、特に日本の外務省や日本政府は、TPP（環太平洋戦略的経済連携協定）のことばかり心配していますが、ドナルド・トランプもヒラリー・クリントンもそろって、「協定への参加は拒否する」と宣言していました。しかし、この点は、よくよく深く考えてみなければなりません。

5　対・中国の経済戦略

ドナルド・トランプは、「関税制度すなわち輸入にかける税金は、外交上の武器の一つである」と考えているわけです。たとえば、中国の外交政策が気に食わなかったら、中国に高い税率を課すことができます。たとえば、中国がアジアの国を侵略しようとしたら、トランプは中国からの輸入品に対する関税率を変えるでしょう。これは、〝熱い戦争〟を起こさず、銃弾もミサイルも第七艦隊も使わない〝武器の一つ〟です。こういったことを考えているわけです。

5 Economic strategy against China

without missile, without the seventh fleet. He is just thinking this point.

I already said that the TPP is important for Japan because it was created as the counter power of the AIIB* of China. AIIB is the foreign policy which will make China the leader of the world, so we need the Trans-Pacific Partnership and no higher tax barrier regarding the Pacific Rim.

It is Obama's thinking. Japan must join this policy. If not, China will win in foreign diplomacy and trading diplomacy with Africa and west part of Asia, and of course the north, south and east parts of Asia. And they can dispel the United States to Hawaii. This is their basic doctrine. So, we need TPP.

But Mr. Trump will rethink about this. Of course, Mr. Obama will persuade Donald Trump that he should join the TPP and the Japanese government is in

---

* Asia Infrastructure Investment Bank is a multilateral development bank for the Asian region. China took the initiative in establishing this institution in Dec. 2015, with 57 member states as its Founding Members.

5　対・中国の経済戦略

　私はかつて、「ＴＰＰは中国のＡＩＩＢ（注）に対抗するために創設されたものなので、日本にとって重要である」と指摘しました。ＡＩＩＢは中国が世界のリーダーになるための外交政策なので、日本にはＴＰＰが必要であり、環太平洋地域の高い関税障壁をなくす必要があるのです。

　それがオバマの考え方で、日本は参加するしかありませんでした。さもなくば中国が、外交面や、対アフリカや西アジア、もちろん北アジア、南アジア、東アジアも含めて、貿易面で勝利を手にし、アメリカをハワイまで追いやってしまうでしょう。それが彼らの基本戦略なので、ＴＰＰが必要なわけです。

　しかし、トランプ氏は考え直すでしょう。オバマ氏は当然、ＴＰＰに参加すべきだとドナルド・トランプを説得するでしょうし、日本政府はＴＰＰ参加を急いで通し、バラ

（注）AIIB（アジアインフラ投資銀行）はアジア向けの国際開発金融機関。57の加盟国を創設メンバーとして、2015年12月に中国主導で発足した。

a hurry to pass this alignment to the TPP. And before the retirement of Barack Obama, Japan will make a pressure to the United States to join this TPP before Mr. Trump takes office in the White House.

But now, at this point, we must think we have two ways. Of course, one is to join the TPP and guard the Transpacific trade and make prosperity, and another one is as Donald Trump said, "Make America greater again" and have new leadership for the world.

At this point, he said America is not the world's policeman, like Obama said, but it's not his real thinking, I think so. He will firstly rebuild the American economy and next, he will have hegemony in foreign affairs and in addition to that, he will want to remake the relationship between Russia and America.

Of course, he insisted that Japan should be Japan. He said so. I think this is truth and this is justice. Japan should be Japan. Japan is the world's second or third largest economic country. I said *the second* or *the third*; it means China's economic statistics is not believable.

ク・オバマが退任する前に、トランプ氏がホワイト・ハウスに着任する前にＴＰＰに参加するよう、アメリカに圧力をかけるでしょう。

　現時点では、二つの道があると考えねばなりません。一つは当然、ＴＰＰに参加し、環太平洋をガードして繁栄していくことです。もう一つは、ドナルド・トランプの言葉の通り、「アメリカを再び偉大な国とし」、世界のために新たなリーダーシップを発揮することです。

　この点についてトランプは、オバマと同じく「アメリカは世界の警察官ではない」と述べましたが、本心ではないと思います。彼は、まずはアメリカ経済を再建し、次いで外交面で覇権（はけん）を握るでしょう。それに加えて、ロシアとアメリカの関係を再構築することを望んでくるでしょう。

　もちろんトランプは、「日本は日本であるべきだ」と主張しています。そう言っています。これはもっともなことであり、正義であると思います。日本は「日本」であるべきです。日本は世界第二か第三の経済大国です。「第二か第三」と言うのは、中国の経済統計は疑わしいものであり、

5 Economic strategy against China

So, they have some kind of bubbly figures in their economic plan.

For example, they said that this year, the economic growth is 6.7 percent each quarter. It's a national growth planning rate; just the same rate. It's impossible in the real economy. The figure is very controlled for and they (Chinese communist officials) don't want to be fired by Xi Jinping, so we cannot rely on them. In reality, the real economy is not so different from, in conclusion, I mean Chinese and Japanese economic growth and power are not so different, I think so. It will be revealed in the near two or three years, I think so.

経済計画にバブル的な数字が入っているからです。

　たとえば中国は、今年の各四半期の経済成長率が6.7パーセントだったと発表しましたが、これは国家計画上の成長率と同じであり、現実の経済ではありえないことです。数字が大幅に操作されており、（共産党員が）習近平にクビにされたくないためなので、信用することはできません。実際には、実体経済の結論として、中国と日本の「経済成長率」と「経済力」には、それほど差はないと思います。ここ２、３年のうちに、それが明らかになるでしょう。

6 Two sides of Trump: economic thinking and world justice

And Mr. Trump will insist that, as you know, Japanese mass media are upset by his saying that "Japan has a nuclear power" or "Japan is too big to protect. Japan should protect herself." He said so.

In reality, in the standpoint of logical thinking and realistic thinking and the pragmatic thinking and the economic thinking and the fair thinking, he is true. Japan is too big. World's second or third economy, and it cannot protect its own country? It's a mystery in the real meaning. So, he will say, "Protect yourself, or if Japan needs American protection or umbrella of nuclear weapon of the United States, Japan should pay more budget for defense cost of the U.S."

It will be choiceable for Japan. Of course, we can pay more or instead of that, we can protect by

6 トランプの二側面：
「経済的思考」と「世界正義」

　トランプ氏はまた、「日本は核装備をすべきである」とか「日本は守るには大きすぎる」と発言し、ご存じの通り日本のマスメディアはそれに対して大騒ぎをしましたが、そう主張してくると思います。「日本は自分で自分を守るべきである」と彼は言いました。

　実際、論理的思考、現実主義的思考、プラグマティック（実用主義的）思考、経済的思考、フェアな思考の観点からすれば、彼の言う通りです。日本は大きすぎます。世界第二か第三の経済大国が自国を守れないというのは、それこそ〝ミステリー〟というものです。ですからトランプは、「自分で守りなさい。日本がアメリカの保護、アメリカの核の傘を必要とするなら、アメリカの国防予算をもっと負担しなさい」と言ってくるでしょう。

　日本はどちらかを選べるわけです。もちろん、もっと負担してもいいし、そうする代わりに自分で守ってもいいで

ourselves. It will give us a choice, but it does not mean Donald Trump is crazy or he's a tyrant. But he treated Japan as an equal partner and from the standpoint of equality and fairness, he said so. "Japan should protect herself. And South Korea, also, have enough power to protect itself from North Korea."

And especially, we must have keen attention on his opinion about the South Spratly Islands issue. He said, "America should make more military force surge to the South Spratly Islands." It indicates that he has the strategic idea or viewpoint he can rely on. He knows well.

Xi Jinping thinks that China is too big for America to have separation with, but it's not true. He has two kinds of thinking. One is the economic thinking, and another one is world justice. He's a businessman, so he can think about the real equal balance between China and America.

I think, in these 25 years, China has had huge economic growth, but Japan has been in status quo

しょう。選ぶのは私たちであり、ドナルド・トランプの頭がおかしいわけでも暴君なわけでもなく、日本を対等なパートナーとして扱っているのであり、平等と公平の観点からそう言っているのです。「日本は自分で自分を守るべきだ。韓国も、北朝鮮から自国を守る力は十分ある」と。

　また、特に、南沙諸島(なんさしょとう)に関するトランプ氏の意見にも、しっかり注意を払うべきです。彼は「アメリカは南沙諸島問題に関し、軍事力を増強すべきだ」と言っていますので、戦略的なアイデアや視点を持っていることが分かり、信頼できます。良く分かっています。

　習近平は、「中国は大きすぎるので、アメリカは袂(たもと)を分かつことはできない」と思っていますが、それは違います。彼には二つの思考があります。一つは「経済的思考」であり、もう一つは「世界正義」です。彼はビジネスマンですので、中国とアメリカにとって、真の意味で平等なバランスを考えることができるのです。
　この25年間、中国は大きく経済発展しましたが、日本は現状維持であり、アメリカはここ数十年間、貿易赤字を

and America in trade deficit in these decades. It means America has been too weak in the economic trade meaning. So, he will change from the first point and this is good for creating world peace and world power balance, I think so.

7 America should play the role of world policeman again

And if I predict the next year and the following years of the United States and the world, I think we can sleep well, or we will sleep well from next year, because Japan and the United States reliance can be the world's main engine again, and the fundamental value of the U.S. and Japan will continue as the global criteria, so we can co-prosper for the next eight years. So, the result of the American presidential race was good for Japan and the world. We must check the world balance.

And of course, Mr. Barack Obama insisted on how

続けています。これは、アメリカが経済貿易面であまりに弱すぎたということです。ですから、彼は第一の点（経済面）から変えてくるでしょうし、世界平和や世界の勢力均衡のためには、それが良いと思います。

7 アメリカよ、再び「世界の警察官」となれ

　そして、来年以降のアメリカや世界について予言するとするならば、来年以降、夜はよく眠れると思います。日米間の信頼関係が、再び〝世界のメイン・エンジン〟となるからです。アメリカと日本が持つ根本的価値観が今後も「世界基準」であり続け、これから８年間、共に繁栄することができるからです。というわけで、アメリカ大統領選は、日本にとっても世界にとっても良い結果になりました。世界のバランスに留意していかねばなりません。

　もちろん、バラク・オバマ氏は、いかに人権を守るかを

to protect the human rights. It will be realized by the stronger America again, I think so. The world can have several hegemonic countries, but the main value for the human rights must be one. It is the meaning of democracy, freedom, and how to make world prosperity, and check the tyranny of the evil country. America should cooperate with another country and should play the role of the world policeman again, I think so.

This is my idea on the next day of the election of the United States presidency.

重視していましたが、この点は、アメリカが「強さ」を取り戻すことで実現されるだろうと思います。世界には覇権国家がいくつか並び立つことがありますが、人権についての主たる価値観は一つでなければなりません。すなわち、「民主主義」、「自由」、「世界に繁栄をもたらす方法」、「悪しき国家の専制政治を防ぐこと」などです。アメリカは他国と協力すべきであり、再び「世界の警察官」の役割を担うべきであると思います。

　以上が、アメリカ大統領選挙翌日における私の考えです。

On Victory of Mr. Donald Trump
Q&A

トランプ新大統領で世界はこう動く
質疑応答

Question 1
Guidance on how to unite the divided America after the election

Questioner
Kazuhiro Ichikawa
   Senior Managing Director
   Chief Director of International Headquarters

Kazuhiro Ichikawa Thank you very much, Master Okawa. Thank you for your deep insights and wisdom.

My question is on how to unite the people of America again because this election seems to have divided people into red or blue clearly. But in last night's Mr. Donald Trump's speech, he said, "It's time for us to come together as one united people." So, I would appreciate if you could give us guidance on how to create "united people."

質問1
選挙で二分されたアメリカをまとめるには

質問者
市川和博（幸福の科学専務理事　兼　国際本部長）
いちかわかずひろ

市川和博　総裁先生、まことにありがとうございました。深いご見識と智慧に感謝申し上げます。
ちえ

　私の質問は、米国民を再び一つにまとめるにはどうすれば良いかということです。今回の選挙戦で、米国民は共和党支持者と民主党支持者にはっきり分かれてしまったように思えるからです。昨晩、ドナルド・トランプ氏は演説のなかで、「一つの国民としてまとまるべき時だ」と言っていました。そこで、国民を一つにまとめるための方針に関して、ご教示いただければ幸いです。

Question 1 Guidance on how to unite the divided America after the election

Ryuho Okawa OK. As I told already, Mr. Trump is not a person who is comprehended by American mass media and Japanese mass media. He's quite a different person. He made too many extreme speeches, but in reality, he is a very moderate person and he has a very soft touch. He can keep very soft-touch relationship between people because he has lived to 70 years old and he has been a great businessman. So, he knows a lot about that. It's just been his strategy because he was not a politician. And he was not expected, so it was his strategy.

But as you heard yesterday, when he made a victory speech, firstly he said, "I received the call from Hillary Clinton, Mrs. Hillary Clinton, and she said, 'Congratulations.'" He appreciated her and he said she did a good job. This means he's quite different in reality. He knows, in real meaning, what it is, what she is, what he is, what man is, what men are, what the world is, what the economy is, and what politics is.

Hillary criticized him that he has no experience

質問1　選挙で二分されたアメリカをまとめるには

大川隆法　分かりました。すでにお話ししたように、トランプ氏はアメリカのマスメディアや日本のマスメディアが理解しているような人ではありません。まったく違います。スピーチの内容は極端なものばかりですが、実際は、たいへん穏健(おんけん)な人物で、非常にソフトな面のある人ですし、良好な人間関係を保つことができる人です。70年も生きてきた優秀なビジネスマンですから、そういうことは良く分かっているのです。「単に戦略だった」わけです。彼は政治家ではなく、期待されてもいなかったので、そういう戦略になったのです。

　しかし、昨日お聞きになった通り、彼は勝利宣言で、まず「ヒラリー・クリントンから電話をもらい、お祝いの言葉を頂戴(ちょうだい)しました」と言いました。彼女に感謝しており、彼女もよく戦ったと。つまり、現実には、そうとう違うタイプの人なのです。本当の意味で、彼女や自分がどんな人間なのか、人間とは何か、世界、経済、政治とは何かを分かっている人です。

　ヒラリーは、「彼は政治経験も軍隊経験もなく、世界ナ

Question 1 Guidance on how to unite the divided America after the election

in politics and he has no experience of the army, and that he is the last man who can be believed to be a commander-in-chief, I mean the head of the American Army, the world number one army, and can use the nuclear code for nuclear missiles. Hillary criticized like that. But it's a misunderstanding on him. He can be a great politician and he is the most suitable person for commander-in-chief.

Commander-in-chief means he is the leader of the army and is required almighty capacity for everything. It's not only for war strategy, but also the commander-in-chief must know the world economy, world relationship and the morality, how to deal with another people of another country. But he knows in reality.

And he insisted the separation of the intruders from foreign countries. Now, at this time, it is essential for the United States to rethink about that, but it's not the eternal policy. I think so.

And in reality, American economy has been in great recession in these several years. They were replaced

質問1　選挙で二分されたアメリカをまとめるには

ンバーワンの米軍のトップであり核ミサイルを発射する核のコードを用いる最高司令官に、最もふさわしくない人だ」などと批判しましたが、それは彼に対する誤解です。トランプ氏は素晴らしい政治家になれます。最高司令官に最もふさわしい人物です。

　最高司令官は軍の指導者として、あらゆる面でオールマイティーな能力を求められます。軍事戦略だけでなく、最高司令官は世界経済や国際関係、道徳、他国の人々との接し方まで知っていなければならないわけですが、実際、彼は知っています。

　また、トランプ氏は「国外からの侵入者を排除せよ」と主張しています。現時点では、アメリカはこの点を再考することが不可欠ですが、恒久的政策ではないと思います。

　実際ここ数年、アメリカ経済は大きな不況に見舞われています。国外からの移民に取って代わられ、アジアやアフ

Question 1 Guidance on how to unite the divided America after the election

by foreign immigrants and they experienced a lot of dumping from Asian and African countries, so this is a very essential point for the rebirth of the United States in the economic meaning. He says he will build the [*laughs*] Trump wall between Mexico and the USA. It's interesting. He declared clearly, so will he try to build Trump wall or not? It's very exciting.

But he will use this condition for negotiation between Mexico and the United States, I think so. It's very important for the United States, how to stop the intruders from Mexico, especially people who have tendency to be criminals and tendency to be drug addicts. So, it's very important. It's the cancer within the United States. So, someone should check and stop this tendency.

I don't think he will make a new long wall of the Trump wall, but instead of that, he will save the intruder population from Mexico and check them if they are the criminal tendency or not, or drug-related people or not. It is very important for America.

質問1　選挙で二分されたアメリカをまとめるには

リカの国々のダンピング（投げ売り）を経験しました。この点は、アメリカが経済面で復活するうえで非常に重要です。トランプ氏は、「メキシコとアメリカの間にトランプ・ウォール（トランプの壁）を築く」と言っています（笑）。実に面白い考えで、明確に宣言しましたので、トランプ・ウォールを築こうとするかどうか見ものですね。

　ただ、彼はこの条件をメキシコとアメリカとの間の交渉に使うでしょう。メキシコからの入国者、特に犯罪や薬物中毒の傾向がある人たちをいかに食い止めるかは、アメリカにとって非常に重要です。ここは、アメリカ内部の〝ガン細胞〟ですので、誰かがこの傾向をチェックして止めないといけません。

　彼が新たに長いトランプ・ウォールを築くとは思いませんが、その代わりにメキシコ移民の人口を抑え、犯罪傾向があるか否か、薬物中毒者であるか否かをチェックするでしょう。アメリカにとって非常に重要な点です。

53

Question 1 Guidance on how to unite the divided America after the election

But he, himself, is German-oriented person and his wife is from the east part of Europe, so he knows a lot about the one aspect of the immigrant that is good for America: to provide new, excellent people from the world, because America is a country of dream. So, every people or the people who want to succeed or want to come to the United States, some of them are very excellent and can be America's new engine for the future. He knows about that.

But before that, he must recheck about the immigrant policy, I think so. People of the world are astonished by his presidency, but I don't think so. In the next one year, he will think considerably and will make new strategy about that.

So, the dividing country's problem will change in the next real change of the United States. It's Obama's declaration eight years ago that he said he will change America. But the country's tendency is not good for the American future. So, Donald Trump will make real change for the rebirth of the great America or greater

質問1　選挙で二分されたアメリカをまとめるには

　しかし、彼自身ドイツ的な流れを引いていますし、奥さんは東欧出身の方ですので、「移民の一つの側面として、世界から優秀な人たちが新しく入ってくるのでアメリカにとって良い面もある」ということはよく分かっています。アメリカは「夢の国」だからです。成功したい人やアメリカに来たい人の中には非常に優秀な人がいて、アメリカの未来を開く〝新たなエンジン〟になってくれることも、トランプ氏は知っています。

　ただ、その前に、彼は移民政策を再検討する必要があるでしょう。世界の人たちは彼が大統領になったことに驚いたでしょうが、私はそうは思いません。次の1年で彼は熟慮を重ね、新たな移民政策を立てるでしょう。

　国が分断されているという問題は、アメリカが本当に変わっていく次の段階で変化していくでしょう。8年前、オバマはアメリカを変えると宣言しましたが、現在の国としての傾向は、アメリカの未来にとって望ましいものではありません。ですからドナルド・トランプが、偉大なアメリカの復活や、さらに偉大なアメリカに向けて、本物の「チェ

Question 1 Guidance on how to unite the divided America after the election

America. It's OK, we can accept.

America has many deficits, as you know, of course, the gun control problem, drug problem, or the difference between the rich and the poor. Of course, they have a lot of problems, but this is one of the greatest dream country of the world, so America should shine more and more. It will lead the world into the future, I guess so. So, the problem they say, "the divided America," will be conquered by Trump's real personality and realistic capability of his new governance power, I think so.

ンジ(変化)」をもたらすでしょう。大丈夫です。結構なことだと思います。

 確かにアメリカは、銃規制の問題、麻薬問題、貧富の差など、欠点や問題点を数多く抱えていますが、世界最大の「夢の国」の一つですので、もっともっと輝かないといけません。アメリカが次世代の世界をリードしていくと思います。いわゆる「アメリカの分断」問題は、実際のトランプの人間性と、新たな統治能力に関する彼の現実的手腕によって、克服することができるでしょう。

Question 2
Will Trump's lower tax policy be successful?

Questioner
Yuki Oikawa
  Director of Foreign Affairs
  Happiness Realization Party

Yuki Oikawa Master Okawa, thank you very much for today's lecture. Your lecture is very encouraging. Thank you very much.

Let me ask about the economic policy, especially tax policy. Mr. Obama's tax policy is higher tax, making a big government and redistributing the income to the minority people, especially poor people. Then, the U.S. had the worst economic recovery. So, it didn't succeed. And now, Mr. Trump said drastic lower tax such as 15 percent corporate tax. Now, the U.S.

質問2
トランプの減税政策は成功するか

質問者
及川幸久（幸福実現党外務局長）
おいかわゆきひさ

及川幸久　総裁先生、本日は御法話、まことにありがとうございました。たいへん勇気をいただきました。ありがとうございました。

　経済政策、特に税制について質問させていただきます。オバマ氏の税制は、高い税金で大きな政府を作り、マイノリティー、特に貧しい人たちに所得を再配分するというものでした。その結果、アメリカ経済の復調は最悪で、成功しませんでした。そして今トランプ氏は、15パーセントの法人税など、大胆な減税を提唱しています。現在、アメリカの法人税は35パーセント以上ですので、馬鹿げた政

Question 2 Will Trump's lower tax policy be successful?

corporate tax is over 35 percent. People think this is ridiculous, so nobody believed that kind of policy and the mass media ignored his policy.

However, Master Okawa, you insisted the same kind of lower tax policy when you founded the Happiness Realization Party. So, what do you think about this kind of drastic lower tax policy to adapt in the U.S. and maybe in Japan?

Ryuho Okawa OK. It's a very important point. But Donald Trump will realize lower tax policy, I think so. It's essential for the rebirth of the United States. I said 15 percent is enough for private companies. When you earn 100, if you were taken 15 from government or another lower bureaucracy, it's enough, I think so. Thirty-five percent is too much. No work, but gain the profit only. It's a bad government, I think so. It's not an effective government, I think so.

Effective government means lower tax and make the private sector prosper more and more. It's the

策だと思って誰も信じませんし、マスメディアも無視しています。

しかし、総裁先生が幸福実現党を創られたときも、「安い税金」という点で同様の政策を主張されました。そこで、こうした大胆な減税政策を、アメリカや、場合によっては日本に導入することについて、どうお考えでしょうか。

大川隆法 分かりました。非常に重要な点ですね。ドナルド・トランプは減税政策を実現できると思いますよ。アメリカ再生のためには必要不可欠です。15パーセントで十分でしょう。民間企業が100稼いだとして、15を政府や下位の役所に持っていかれたら、もう十分だと思います。35パーセントは高すぎます。働かずに利益だけ得るということですので、悪い政府だと思いますし、効果的な政府であるとも言えないでしょう。

効果的な政府とは、「安い税金」と、「民間をもっともっと繁栄させること」です。それが基本指針であるべきです。

fundamental guideline for them. For example, even in Japan, the Abe government insisted that the Japanese corporations have inner money, about 370 trillion yen or so. He is targeting to get this inner-saving money from companies and to let them consume like Edo era's people, just consume and it will make prosperity of the economy, but this is a bad policy. In accordance with Japanese tradition, it's a bad *Tono-sama* [lord] president. We must save for the crisis, the future turbulence of the company's great decision, government's mistake, or foreign pressure. We must save money for the future. It is essential.

But there are greater-government policy people who can dream that a greater government or a big government will lead to an equal society. They are dreaming like that. That just means the idea of the communist declaration, I think so. Japan already has been caught by this kind of lure and if Mr. Trump changes the tax policy within the United States, Japan cannot insist the same policy. Japan must change their

質問2　トランプの減税政策は成功するか

　たとえば、日本の安倍政権は、「日本企業は内部留保が約370兆円ある」と主張し、企業から内部留保を引き出して、ちょうど江戸時代の人々が消費だけしていたように企業の内部留保を消費させようと狙い、そうすることで経済が発展すると主張していますが、これは悪政です。日本の伝統に照らして言えば、〝悪い殿様〟社長です。会社の重要な決定、政府の失敗、外国からの圧力といった、将来の危機や乱気流に備えないといけませんので、将来に備えてお金を蓄える必要があります。これは不可欠です。

　ところが、「大きな政府」を夢見る人は、「政府が大きいほど、平等な社会が実現する」と夢見るわけですが、それこそまさに、共産党宣言に出てくる考え方だと思います。日本はすでに、この種の誘惑に陥っていますが、トランプ氏がアメリカ国内で税制を変更すれば、日本もこれまでと同じ政策を主張できず、考え方を変えなければならなくなります。

mind.

Government should work especially for non-profit area, I mean the realm. Profitable realm, it's for privatized, I mean the usual common companies area. And the nation's economy will receive more prosperity. Greater government, if in real meaning greater, it's OK, but if greater means just the gigantic government, it means it hires people who cannot work in the private realm, that kind of non-capable people, and pay their income from tax and lower the lost-job population.

Government usually wants to move to hire the jobless people and pay them from tax, so it means the company or people who worked hard and saved cost and produced profit will be taken more tax. And this tax will be used for the people who don't have a job now.

In some meaning, it's a good sense to create jobs, but in another sense, bureaucrats or bureaucracy means the incapable people or people who don't have

政府は特に非営利分野に注力すべきであり、営利分野は民間、つまり一般企業の分野です。一般企業こそが一国の経済を繁栄させるのです。「より大きな（greater）政府」というのが、本当の意味で「偉大な」政府なら結構ですが、単に「巨大」だというだけなら、巨大な政府とは、民間で働けないような無能な人を政府が雇用し、税金を使って彼らに給与を支払い、失業者を減らしているということです。

　政府は通常、失業者を雇用して税金で給与を払う方向に行きたいのです。それは、一生懸命働いて経費を削減して利益を上げた会社や個人が、さらに税金を取られることを意味します。その税金が、仕事がない人のために使われることになるのです。

　これは、ある意味で、雇用を生み出すにはいい考えですが、別の意味では、「官僚」とは無能な人間、お金を稼いで生計を立てる能力に乏しい人間のことです。それが「官

Question 2 Will Trump's lower tax policy be successful?

enough power to earn money or make their living. It's the meaning of bureaucrats. So, the expansion of the members of bureaucracy is a bad news for the country, especially for future economy.

In Japan, we pay 1.5 times the income for public servants. It's bigger than the private sector. For example, if you get 400,000 yen for your winter bonus, a Japanese public servant can get 600,000 yen for his or her bonus. Why? Japanese government cannot answer this question, "Why?" If they pay more than private companies, it will mean the raise of the economy and the growth of the economy. Mr. Abe thinks like that. But it's bad, I mean, it's not the management-style thinking.

So, Donald Trump will change the story. Hillary criticized that the "trumped-up and trickle down," it means the economic pyramid, when the top of the economic pyramid becomes more wealthy, it will trickle down to the lower part of the people.

But it's false, Hillary said so. And democratic

僚」の意味です。ですから官僚の数が増えることは、国にとって、特に経済の先行きにとっては〝良くないニュース〟です。

　日本では、公務員に民間の1.5倍の給与を支払っています。民間より多いのです。たとえば、みなさんが冬のボーナスで40万円もらうとしたら、日本の公務員は60万円ボーナスがもらえるのです。なぜでしょうか。日本政府は、この「なぜ」という質問に答えられません。民間企業より多く払っているとしたら、経済が発展していることになります。安倍さんはそう考えていますが、それは駄目であって、経営的思考ではありません。

　ですから、ドナルド・トランプはシナリオを変えるでしょう。ヒラリーは「でっちあげられたトリクルダウン」と批判しましたが、これは、経済のピラミッドにおいて上の層が豊かになればなるほど、下の層の人々にもその富がしたたり落ちてくる」という意味です。
　ヒラリーは「それは嘘だ」と言いましたし、民主党の人

Question 2 Will Trump's lower tax policy be successful?

people, the poor people, are likely to think to get money forcibly from the upper class and give the helicopter money to the lower side of the people. In some meaning, it sounds like Christian thinking. Like Jesus said, if you are rich, give all things to others, but in reality, a businessman cannot do so. If he is management class, he cannot do so because he has responsibility to pay money and make the company a going concern company. It will need profit for him to keep his company and to hire his followers, so it's quite different.

America is not a country of Catholics. America is a Protestant country originally, so Protestants agree to get profit for prosperity and its prosperity will trickle down to every person of the nation. It is the Protestant thinking, I think so. So, if one is clever and wiser, he can get more money. It's reasonable. But if he has enough consciousness for God or poor people, he will use his income for good things. It depends on him, but he can do it.

たちは、上流階級から強制的にお金を搾り取って下層階級にばらまきたがる傾向があります。ある意味、キリスト教的な考え方のようにも聞こえます。イエスが言ったように、「豊かな者は、人にすべて与えよ」ということですが、現実にはビジネスマンはそんなことはできません。経営陣なら、給料を払って会社を存続させる責任があるので、できないのです。会社を維持し、社員を雇うために利益が必要なので、まったく異なるわけです。

　アメリカはカトリックの国ではなく、もともとプロテスタントの国です。プロテスタントは繁栄するために利益を得ることを認めていますし、国民全員にその繁栄が波及していきます。それがプロテスタントの考え方だと思います。ですから、「頭のいい人」、「賢い人」ほど、お金を稼ぐことができます。それは理屈に合っていますが、神を思い、貧しい人を思う気持ちが十分にある人なら、自分の収入を善行のために使うでしょう。その人次第ですが、そうすることが可能です。

Question 2 Will Trump's lower tax policy be successful?

It is one of the American traditions. It's more than Japanese tradition. Japanese tradition is less than American tradition. American people can do that, like Bill Gates or so. They can make great money, but they can use this money for the poor people of the world. It is America's most beautiful mind. I think so. Don't forget about the beautiful tradition.

So, America should not be a communist country. Japan also, deny to be a communist country. It means to just stop the gigantic government. It means a not effective government. The first step for that is to lower the tax rate and let the private companies do more for a better world. It is the main concept, I think so.

それがアメリカの伝統なのです。日本の伝統以上であり、日本の伝統はアメリカの伝統に及びません。アメリカ人は、ビル・ゲイツなどのように、それができるのです。大金を稼ぐことができ、そのお金を世界中の貧しい人のために使うことができる。それが、アメリカの一番美しい心であると思います。この美しい伝統を忘れないでいただきたいのです。

　ですから、アメリカは共産主義国になるべきではありません。日本も共産主義国になることは否定すべきです。要するに、「大きな政府」をやめることです。非効率的な政府だからです。そのための第一歩が、税率を下げ、民間企業にもっと仕事をしてもらい、より良い世界にしてもらうことです。それが中心概念であると思います。

Question 3
How will America's relation with Russia change?

Questioner

Kazuhiro Takegawa

Director General of International Public Relations Division

Kazuhiro Takegawa Thank you very much for today's speech, and much congratulations for yesterday.

May I ask a little more about diplomacy, especially the relationship with Russia? Master, you were talking about the Syrian War and how Mr. Trump would cease the fire. Also, Mr. Putin says the same thing. The Syrian War is called a proxy war. So, how can they deal with this war, for example? In this sense, Russia is fatal for America to be the world's policeman. Would you talk especially about the relation with Russia?

質問3
アメリカとロシアの関係はどう変わるか

質問者
武川一広(たけがわかずひろ)　(幸福の科学国際広報局長)

武川一広　本日は御法話まことにありがとうございます。また昨日は本当におめでとうございました。

　外交についてもう少しお伺(うかが)いしてよろしいでしょうか。特にロシアとの関係についてです。総裁先生はシリア内戦について話され、トランプ氏は停戦させるだろうとのことです。プーチン氏も同じことを言っており、シリアは「代理戦争」であると言われています。たとえばこの戦争は、どうすれば良いのでしょうか。その意味で、アメリカが世界の警察となるうえでは、ロシアが非常に重要です。そこで、特にロシアとの関係についてお話しいただけますでしょうか。

Question 3 How will America's relation with Russia change?

Ryuho Okawa OK. World question is how the relationship between Russia and America will change next year. My answer is, it will be for a good direction.

Mr. Putin and Mr. Trump can understand each other, as reported from the mass media. The mass media cannot understand the real meaning. Even Ms. Hillary Clinton cannot understand.

Usually, American people, especially the Republican people, think of Russia as an enemy. So, in the enemy country of Russia, the dictatorship of Putin has been continuing and Mr. Putin praised Mr. Trump, "He's a good man, and a reliable man." Donald Trump also said Putin has greater leadership than, as you know, Mr. Obama.

He's an honest person, I think so. This means "hero knows hero" as an old saying says so. *Eiyuu, eiyuu wo shiru*, "hero knows hero," that's the reason. So, Donald Trump and Mr. Putin also can esteem another person's power, capability, or virtue. They know each other and can respect each other.

質問3　アメリカとロシアの関係はどう変わるか

大川隆法　分かりました。世界が疑問に思っているのは、「ロシアとアメリカの関係が来年どう変わるか」ということですが、「良い方向に変わる」というのが私の答えです。

　プーチン氏とトランプ氏は、マスコミ報道の通り、理解し合える関係ですが、マスコミにはその本当の意味が分かっていません。ヒラリー・クリントン氏も分かっていません。

　アメリカ国民は通常、特に共和党の人は、ロシアを敵と思っています。ですから〝敵国ロシア〟でプーチンの独裁が続いているわけですが、プーチン氏はトランプ氏を「いい人間であり信頼できる」と、ほめています。ドナルド・トランプも、ご存じの通り、「プーチンはオバマ氏よりリーダーシップの面で優れている」と言っていました。

　彼は正直な人だと思います。古い格言にある「英雄、英雄を知る」ということです。そういう訳で、ドナルド・トランプもプーチンも、相手の力や能力や人徳を評価することができ、互いを知り、尊敬し合うことができるわけです。

Question 3 How will America's relation with Russia change?

So, the relationship between the two countries will be better next year. And I predict, in the next year, I mean 2017, in one year, the problem of the IS will end because Russia and American relationship will determine the conclusion. Russia will have a power on Syria and America will regain the power on Iraq, and the IS will disappear in the end. That's the conclusion.

And during this process, we must make a good operation, how to reduce the killed people, I mean the non-army people, and how to save women and children. So, it will need American great will and Russian great will. The problem will end next year, I think so.

And the relationship between Putin and Trump will change the relationship between China and Japan, China and Russia, and China and North Korea. Mr. Xi Jinping thinks that Hillary will be stronger than Donald Trump, but in reality, it's quite contrary to that. Donald Trump will be stronger than Hillary because he knows the economy and foreign trade very deeply.

質問3　アメリカとロシアの関係はどう変わるか

　両国関係は来年、改善するでしょう。来年、2017年の1年で、ロシアとアメリカの関係において結論が出ますので、「ＩＳの問題は終わる」というのが私の予測です。ロシアはシリアに影響力を及ぼし、アメリカは再びイラクに影響力を振るい、最終的にＩＳは消え去るでしょう。結論はそういうことです。

　その過程で、民間人の死傷者をいかに減らすか、女性や子供をいかに救うか、うまい作戦が必要です。アメリカとロシアが大きな意志決定をする必要がありますが、この問題は来年、解決すると思います。

　プーチンとトランプの関係は、日中、中ロ、中国と北朝鮮、それぞれの関係に変化をもたらすでしょう。習近平氏は、「ヒラリー・クリントンのほうがドナルド・トランプより強い」と思っていますが、実際は、まったく逆です。ドナルド・トランプのほうがヒラリー・クリントンより強いでしょう。彼は経済や海外貿易を知り尽くしているからです。

Question 3 How will America's relation with Russia change?

So, I can guess how he will deal with China. He must think from the standpoint of the world economic equality or balance, and soon he will realize China's expansion rate is quite extraordinary. What's the problem? It's a problem of foreign currency exchange rate and the problem of the import tax rate.

He, Donald Trump, will call back the American corporations from China to the United States, and Japan will follow in some meaning. Japanese corporations will withdraw their companies from China to Japan and to inner production.

It's very essential. America changed its economic style from the first, second, third grades to the fourth grade, it means more than the service realm, for example, the financial planning level or like that. It means it's just the leverage for the economic field, not the real economy.

But Donald Trump realizes that the real economy is essential for the fundamentals of the country. He will regain the industry of the United States again. But he

トランプが中国をどう扱うかは想像がつきます。彼は、「世界経済の公平性やバランス」の観点から考えるはずです。じきに、中国の経済拡大率が尋常(じんじょう)でないことに気づくでしょう。何が問題かと言えば、「外貨為替(かわせ)レート」と「輸入関税」の問題です。

ドナルド・トランプは、アメリカ企業を中国からアメリカに呼び戻し、日本もある意味、後追いするでしょう。日本企業は現地の会社を中国から日本に引き揚げ、国内で生産するようになるでしょう。

ここが肝心な点です。アメリカは経済のスタイルを、第一次産業、第二次産業、第三次産業から第四次産業へと、つまりサービス業を超える領域へとシフトしてきました。たとえばファイナンシャル・プランニングなどです。それらは経済活動のレバレッジの部分に過ぎず、実体経済とは異なります。

しかしドナルド・トランプは、一国の根幹部分には実体経済が不可欠であることに気づいています。彼はアメリカの産業を復活させることができるでしょう。ただ、日本が

forgot that Japan doesn't have import taxes for American cars. American cars don't sell in Japan because they are too big to run on the Japanese roads. They are too big, too expensive, and too strong for Japan.

I once bought an American car, a Lincoln, for one year. It was about one ton and I could not turn right or left on the road enough because Japanese roads are very narrow. So, we could not control the car.

I bought that car because before that, there occurred the Aum affairs in Japan, and Aum people wanted to shoot me. So, I bought a Lincoln and it, of course, had protection for bullets. But it was too heavy and I could not open the door by myself [*laughs*] [*audience laugh*].

But the positive point is, if I ride on the Lincoln, when we crash with a dump car, we can survive, even at that time. When we crash with a usual Japanese car, they will fly away, [*laughs*] so it's a positive point. But I sold it within a year because it's not so easy for Japan to use that kind of heavy, deluxe car. And, how do I say, everyone could know who I am and what this car

質問3　アメリカとロシアの関係はどう変わるか

アメリカの車を輸入するのに関税を課していないことは忘れているようです。アメリカの車は日本の道を走るには大きすぎるので、日本では売れないのです。日本には〝大きすぎて、高すぎて、頑丈(がんじょう)すぎる〟のです。

　私は以前、アメリカの車を買って１年間乗ったことがあります。リンカーンでしたが、重さが約１トンもあり、日本の道は非常に狭(せま)いので、道路で右折や左折をするのが大変でコントロールが効きませんでした。

　その車を買ったのは、その前にオウム事件が起きて、オウムの信者が私を撃(う)とうとしていたからです。それでリンカーンを買ったわけで、当然、防弾(ぼうだん)が施されていたのですが、重すぎて、自分でドアが開けられないんですよ（笑）（会場笑）。

　ただ、いい点としては、リンカーンに乗っていればダンプカーと衝突しても生き残れることです。普通の国産車と衝突したら、向こうが飛んでいきます（笑）。そこが、いい点ですが、１年もせずに売ってしまいました。日本では、そんな重くてデラックスな車は使いにくいので。それに何と言うか、私が誰で、何の車か、皆に分かってしまうので、まずかったこともあって、トヨタの車に変えました（会場

81

Question 3 How will America's relation with Russia change?

was, so it was not so good. So, I changed it to a Toyota car [*audience laugh*]. This is the reason. Donald Trump never thinks about that, but he will know soon.

笑)。そういう訳です。ドナルド・トランプは、そんなことは思ってもみないでしょうが、そのうちに分かるでしょう。

『トランプ新大統領で世界はこう動く』
大川隆法著作関連書籍

『守護霊インタビュー　ドナルド・トランプ
アメリカ復活への戦略』（幸福の科学出版刊）

トランプ新大統領で世界はこう動く

2016年11月12日　初版第1刷
2016年11月23日　　　第2刷

著　者　大川隆法

発行所　幸福の科学出版株式会社

〒107-0052　東京都港区赤坂2丁目10番14号
TEL(03) 5573-7700
http://www.irhpress.co.jp/

印刷・製本　株式会社 研文社

落丁・乱丁本はおとりかえいたします
©Ryuho Okawa 2016. Printed in Japan. 検印省略
ISBN 978-4-86395-859-3 C0030
Photo：AFP＝時事／Franck Boston／Shutterstock.com

大川隆法ベストセラーズ・英語説法&世界の指導者の本心

Power to the Future
未来に力を

予断を許さない日本の国防危機。混迷を極める世界情勢の行方──。ワールド・ティーチャーが英語で語った、この国と世界の進むべき道とは。

1,400円

守護霊インタビュー
ドナルド・トランプ
アメリカ復活への戦略

次期アメリカ大統領を狙う不動産王の知られざる素顔とは？ 過激な発言を繰り返しても支持率トップを走る「ドナルド旋風」の秘密に迫る！

1,400円

アメリカ合衆国建国の父
ジョージ・ワシントンの霊言

人種差別問題、経済対策、そして対中・対露戦略──。初代大統領が考える、"強いアメリカ"復活の条件。

1,400円

幸福の科学出版

大川隆法ベストセラーズ・世界の指導者の本心

ヒラリー・クリントンの政治外交リーディング
同盟国から見た日本外交の問題点

竹島、尖閣と続発する日本の領土問題……。国防意識なき同盟国をアメリカはどう見ているのか？ クリントン国務長官の本心に迫る！
【幸福実現党刊】

1,400円

ドゥテルテ フィリピン大統領守護霊メッセージ

英語霊言
日本語訳付き

南シナ海問題を占う上で重要な証言！ 反米親中は本心か——隠された本音とは？ いま話題の暴言大統領、その意外な素顔が明らかに。

1,400円

ヘンリー・キッシンジャー博士 7つの近未来予言

英語霊言
日本語訳付き

米大統領選、北朝鮮の核、米中覇権戦争、イスラム問題、EU危機など、いま世界が抱える7つの問題に対し、国際政治学の権威が大胆に予測！

1,500円

※表示価格は本体価格(税別)です。

大川隆法ベストセラーズ・世界の指導者の本心

オバマ大統領の
新・守護霊メッセージ

日中韓問題、TPP交渉、ウクライナ問題、安倍首相への要望……。来日直前のオバマ大統領の本音に迫った、緊急守護霊インタビュー！

1,400円

守護霊インタビュー
駐日アメリカ大使
キャロライン・ケネディ
日米の新たな架け橋

先の大戦、歴史問題、JFK暗殺の真相……。親日派とされるケネディ駐日米国大使の守護霊が語る、日本への思いと日米の未来。

1,400円

キング牧師
天国からのメッセージ

アメリカの課題と夢

宗教対立とテロ、人種差別、貧困と移民問題、そして米大統領選の行方——。黒人解放運動に生涯を捧げたキング牧師から現代人へのメッセージ。

1,400円

幸福の科学出版

大川隆法ベストセラーズ・世界の指導者の本心

プーチン 日本の政治を叱る
緊急守護霊メッセージ

日本はロシアとの友好を失ってよいのか? 日露首脳会談の翌日、優柔不断な日本の政治を一刀両断する、プーチン大統領守護霊の「本音トーク」。

1,400円

中国と習近平に未来はあるか
反日デモの謎を解く

「反日デモ」も、「反原発・沖縄基地問題」も中国が仕組んだ日本占領への布石だった。緊迫する日中関係の未来を習近平氏守護霊に問う。
【幸福実現党刊】

1,400円

自称〝元首〟の本心に迫る
安倍首相の守護霊霊言

幸福実現党潰しは、アベノミクスの失速隠しと、先の参院選や都知事選への恨みか? 国民が知らない安倍首相の本音を守護霊が包み隠さず語った。

1,400円

※表示価格は本体価格(税別)です。

大川隆法ベストセラーズ・世界の指導者の本心

原爆投下は人類への罪か？
公開霊言 トルーマン
＆Ｆ・ルーズベルトの新証言

なぜ、終戦間際に、アメリカは日本に２度も原爆を落としたのか？「憲法改正」を語る上で避けては通れない難題に「公開霊言」が挑む。
【幸福実現党刊】

1,400円

マッカーサー
戦後65年目の証言
マッカーサー・吉田茂・
山本五十六・鳩山一郎の霊言

GHQ最高司令官・マッカーサーの霊によって、占領政策の真なる目的が明かされる。日本の大物政治家、連合艦隊司令長官の霊言も収録。

1,200円

潘基文（パン・キ・ムン）国連事務総長の
守護霊インタビュー

「私が考えているのは、韓国の利益だけだ。次は、韓国の大統領になる」──。国連トップ・潘氏守護霊が明かす、その驚くべき本心とは。

英語霊言 日本語訳付き

1,400円

幸福の科学出版

大川隆法ベストセラーズ・世界の指導者の本心

ネルソン・マンデラ ラスト・メッセージ

英語霊言 日本語訳付き

人種差別と戦い、27年もの投獄に耐え、民族融和の理想を貫いた偉大なる指導者ネルソン・マンデラ。その「復活」のメッセージを全世界の人びとに!

1,400円

ハンナ・アーレント スピリチュアル講義 「幸福の革命」について

英語霊言 日本語訳付き

全体主義をくつがえす「愛」と「自由」の政治哲学とは? かつてナチズムと戦った哲学者ハンナ・アーレントが、日本と世界の進むべき方向を指し示す。

1,400円

マルクス・毛沢東の スピリチュアル・メッセージ
衝撃の真実

共産主義の創唱者マルクスと中国の指導者毛沢東。思想界の巨人としても世界に影響を与えた、彼らの死後の真価を問う。

1,500円

※表示価格は本体価格(税別)です。

大川隆法ベストセラーズ・世界の指導者の本心

北朝鮮
崩壊へのカウントダウン
初代国家主席・金日成の霊言

36年ぶりの党大会当日、建国の父・金日成の霊が語った「北朝鮮崩壊の危機」。金正恩の思惑と経済制裁の実情などが明かされた、国際的スクープ！

1,400円

北朝鮮・金正恩はなぜ
「水爆実験」をしたのか

緊急守護霊インタビュー

核実験直後の2016年1月7日に収録された緊急インタビュー。
「これで、日本人全員が人質になった」。
国会での安保法制反対をあざ笑うかのような強行実験、その本心とは。

1,400円

イラク戦争は正しかったか
サダム・フセインの死後を霊査する

全世界衝撃の公開霊言。「大量破壊兵器は存在した！」「9.11はフセインが計画し、ビン・ラディンが実行した！」——。驚愕の事実が明らかに。

1,400円

幸福の科学出版

大川隆法ベストセラーズ・世界の指導者の本心

アサド大統領の スピリチュアル・メッセージ

混迷するシリア問題の真相を探るため、アサド大統領の守護霊霊言に挑む——。恐るべき独裁者の実像が明らかに！

1,400円

緊急・守護霊インタビュー 台湾新総統 蔡英文の未来戦略

台湾新総統・蔡英文氏の守護霊が、アジアの平和と安定のために必要な「未来構想」を語る。アメリカが取るべき進路、日本が打つべき一手とは？

1,400円

守護霊インタビュー
朴槿惠韓国大統領 なぜ、私は「反日」なのか

従軍慰安婦問題、安重根記念館、告げ口外交……。なぜ朴槿惠大統領は反日・親中路線を強めるのか？ その隠された本心と驚愕の魂のルーツが明らかに！

1,500円

※表示価格は本体価格（税別）です。

大川隆法ベストセラーズ・自由の大国を目指して

自由を守る国へ
国師が語る「経済・外交・教育」の指針

アベノミクス、国防問題、教育改革……。国師・大川隆法が、安倍政権の課題と改善策を鋭く指摘！ 日本の政治の未来を拓く「鍵」がここに。

1,500円

政治哲学の原点
「自由の創設」を目指して

政治は何のためにあるのか。真の「自由」、真の「平等」とは何か──。全体主義を防ぎ、国家を繁栄に導く「新たな政治哲学」がここに示される。

1,500円

自由の革命
日本の国家戦略と世界情勢のゆくえ

「集団的自衛権」は是か非か!?混迷する国際社会と予断を許さないアジア情勢。今、日本がとるべき国家戦略を緊急提言！

1,500円

幸福の科学出版

大川隆法ベストセラーズ・幸福実現党が目指すもの

幸福実現党宣言
この国の未来をデザインする

政治と宗教の真なる関係、「日本国憲法」を改正すべき理由など、日本が世界を牽引するために必要な、国家運営のあるべき姿を指し示す。

1,600円

政治の理想について
幸福実現党宣言②

幸福実現党の立党理念、政治の最高の理想、三億人国家構想、交通革命への提言など、この国と世界の未来を語る。

1,800円

政治に勇気を
幸福実現党宣言③

霊査によって明かされる「金正日の野望」とは? 気概のない政治家に活を入れる一書。孔明の霊言も収録。

1,600円

新・日本国憲法試案
幸福実現党宣言④

大統領制の導入、防衛軍の創設、公務員への能力制導入など、日本の未来を切り開く「新しい憲法」を提示する。

1,200円

夢のある国へ——幸福維新
幸福実現党宣言⑤

日本をもう一度、高度成長に導く政策、アジアに平和と繁栄をもたらす指針など、希望の未来への道筋を示す。

1,600円

※表示価格は本体価格(税別)です。

大川隆法「法シリーズ」・最新刊

正義の法
憎しみを超えて、愛を取れ

法シリーズ第22作

テロ事件、中東紛争、中国の軍拡――。
どうすれば世界から争いがなくなるのか。
あらゆる価値観の対立を超える
「正義」とは何か。
著者二千書目となる「法シリーズ」最新刊!

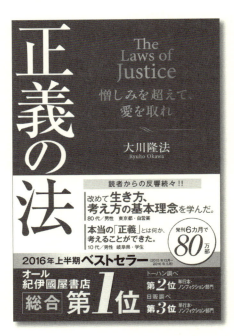

2,000円

- 第1章　神は沈黙していない ── 「学問的正義」を超える「真理」とは何か
- 第2章　宗教と唯物論の相克 ── 人間の魂を設計したのは誰なのか
- 第3章　正しさからの発展 ── 「正義」の観点から見た「政治と経済」
- 第4章　正義の原理 ── 「個人における正義」と「国家間における正義」の考え方
- 第5章　人類史の大転換 ── 日本が世界のリーダーとなるために必要なこと
- 第6章　神の正義の樹立 ── 今、世界に必要とされる「至高神」の教え

幸福の科学出版

大川隆法シリーズ・最新刊

地球を救う正義とは何か
日本と世界が進むべき未来

【ISのテロ】【中国の覇権拡大】【北のミサイル発射】【英国のEU離脱】【アベノミクス失速】解決する道はある。

1,500円

蓮如の霊言
宗教マーケティングとは何か

卓越した組織力と、類まれなる経営戦略——。小さかった浄土真宗を一代で百万人規模に発展させた"経営術"の真髄を、あの世から特別指南。

1,400円

国際政治学の現在(いま)
世界潮流の分析と予測
大川隆法・大川裕太共著

尖閣問題、北のミサイル実験、原発廃止論、そして沖縄からの米軍撤退運動—— 亡国の危機が迫る日本は、どんな未来を望むべきか。国際政治学の最新トピックス、その核心を鋭く分析する。

1,500円

※表示価格は本体価格(税別)です。

幸福の科学グループのご案内

宗教、教育、政治、出版などの活動を通じて、地球的ユートピアの実現を目指しています。

幸福の科学

1986年に立宗。信仰の対象は、地球系霊団の最高大霊、主エル・カンターレ。世界100カ国以上の国々に信者を持ち、全人類救済という尊い使命のもと、信者は、「愛」と「悟り」と「ユートピア建設」の教えの実践、伝道に励んでいます。

（2016年11月現在）

愛

幸福の科学の「愛」とは、与える愛です。これは、仏教の慈悲や布施の精神と同じことです。信者は、仏法真理をお伝えすることを通して、多くの方に幸福な人生を送っていただくための活動に励んでいます。

悟り

「悟り」とは、自らが仏の子であることを知るということです。教学や精神統一によって心を磨き、智慧を得て悩みを解決すると共に、天使・菩薩の境地を目指し、より多くの人を救える力を身につけていきます。

ユートピア建設

私たち人間は、地上に理想世界を建設するという尊い使命を持って生まれてきています。社会の悪を押しとどめ、善を推し進めるために、信者はさまざまな活動に積極的に参加しています。

国内外の世界で貧困や災害、心の病で苦しんでいる人々に対しては、現地メンバーや支援団体と連携して、物心両面にわたり、あらゆる手段で手を差し伸べています。

年間約3万人の自殺者を減らすため、全国各地で街頭キャンペーンを展開しています。

公式サイト　www.withyou-hs.net

ヘレン・ケラーを理想として活動する、ハンディキャップを持つ方とボランティアの会です。視聴覚障害者、肢体不自由な方々に仏法真理を学んでいただくための、さまざまなサポートをしています。

公式サイト　www.helen-hs.net

INFORMATION

お近くの精舎・支部・拠点など、お問い合わせは、こちらまで！
幸福の科学サービスセンター
TEL. 03-5793-1727（受付時間 火～金:10～20時／土・日・祝日:10～18時）
幸福の科学公式サイト　happy-science.jp

幸福の科学グループの教育・人材養成事業

ハッピー・サイエンス・ユニバーシティ
Happy Science University

ハッピー・サイエンス・ユニバーシティとは

ハッピー・サイエンス・ユニバーシティ（HSU）は、大川隆法総裁が設立された「現代の松下村塾」であり、「日本発の本格私学」です。
建学の精神として「幸福の探究と新文明の創造」を掲げ、チャレンジ精神にあふれ、新時代を切り拓く人材の輩出を目指します。

学部のご案内

人間幸福学部
人間学を学び、新時代を切り拓くリーダーとなる

経営成功学部
企業や国家の繁栄を実現する、起業家精神あふれる人材となる

未来産業学部
新文明の源流を創造するチャレンジャーとなる

未来創造学部（2016年4月開設）
時代を変え、未来を創る主役となる

政治家やジャーナリスト、ライター、俳優・タレントなどのスター、映画監督・脚本家などのクリエーター人材を育てます。 ※

※キャンパスは東京がメインとなり、2年制の短期特進課程も新設します（4年制の1年次は千葉です）。2017年3月までは、赤坂「ユートピア活動推進館」、2017年4月より東京都江東区（東西線東陽町駅近く）の新校舎「HSU未来創造・東京キャンパス」がキャンパスとなります。

住所 〒299-4325 千葉県長生郡長生村一松丙 4427-1
TEL.0475-32-7770

幸福の科学グループの教育・人材養成事業

教育

学校法人
幸福の科学学園

学校法人 幸福の科学学園は、幸福の科学の教育理念のもとにつくられた教育機関です。人間にとって最も大切な宗教教育の導入を通じて精神性を高めながら、ユートピア建設に貢献する人材輩出を目指しています。

幸福の科学学園

中学校・高等学校（那須本校）
2010年4月開校・栃木県那須郡（男女共学・全寮制）
TEL **0287-75-7777**
公式サイト **happy-science.ac.jp**

関西中学校・高等学校（関西校）
2013年4月開校・滋賀県大津市（男女共学・寮及び通学）
TEL **077-573-7774**
公式サイト **kansai.happy-science.ac.jp**

仏法真理塾「サクセスNo.1」 TEL **03-5750-0747**（東京本校）
小・中・高校生が、信仰教育を基礎にしながら、「勉強も『心の修行』」と考えて学んでいます。

不登校児支援スクール「ネバー・マインド」 TEL **03-5750-1741**
心の面からのアプローチを重視して、不登校の子供たちを支援しています。
また、障害児支援の「**ユー・アー・エンゼル!**」運動も行っています。

エンゼルプランV TEL **03-5750-0757**
幼少時からの心の教育を大切にして、信仰をベースにした幼児教育を行っています。

シニア・プラン21 TEL **03-6384-0778**
希望に満ちた生涯現役人生のために、年齢を問わず、多くの方が学んでいます。

NPO活動支援

学校からのいじめ追放を目指し、さまざまな社会提言をしています。また、各地でのシンポジウムや学校への啓発ポスター掲示等に取り組む一般財団法人「いじめから子供を守ろうネットワーク」を支援しています。

公式サイト **mamoro.org**
ブログ **blog.mamoro.org**
相談窓口 **TEL.03-5719-2170**

幸福の科学グループ事業

幸福実現党

内憂外患(ないゆうがいかん)の国難に立ち向かうべく、2009年5月に幸福実現党を立党しました。創立者である大川隆法党総裁の精神的指導のもと、宗教だけでは解決できない問題に取り組み、幸福を具体化するための力になっています。

幸福実現党 釈量子サイト
shaku-ryoko.net

Twitter
釈量子@shakuryoko
で検索

党の機関紙
「幸福実現NEWS」

幸福実現党 党員募集中

あなたも幸福を実現する政治に参画しませんか。

○ 幸福実現党の理念と綱領、政策に賛同する18歳以上の方なら、どなたでも党員になることができます。
○ 党員の期間は、党費（年額 一般党員5,000円、学生党員2,000円）を入金された日から1年間となります。

党員になると

党員限定の機関紙が送付されます（学生党員の方にはメールにてお送りします）。申込書は、下記、幸福実現党公式サイトでダウンロードできます。

住所 〒107-0052
東京都港区赤坂2-10-8 6階
幸福実現党本部

TEL 03-6441-0754
FAX 03-6441-0764
公式サイト hr-party.jp
若者向け政治サイト truthyouth.jp

幸福の科学グループ事業

出版メディア事業

アー・ユー・ハッピー?
are-you-happy.com

ザ・リバティ
the-liberty.com

幸福の科学出版

幸福の科学出版
TEL 03-5573-7700
公式サイト irhpress.co.jp

大川隆法総裁の仏法真理の書を中心に、ビジネス、自己啓発、小説など、さまざまなジャンルの書籍・雑誌を出版しています。他にも、映画事業、文学・学術発展のための振興事業、テレビ・ラジオ番組の提供など、幸福の科学文化を広げる事業を行っています。

ザ・ファクト
マスコミが報道しない「事実」を世界に伝えるネット・オピニオン番組

Youtubeにて随時好評配信中!

ザ・ファクト 検索

ニュースター・プロダクション

ニュースター・プロダクション（株）は、新時代の"美しさ"を創造する芸能プロダクションです。2016年3月には、ニュースター・プロダクション製作映画「天使に"アイム・ファイン"」を公開しました。

公式サイト
newstarpro.co.jp

― ニュースター・プリンセス・オーディション ―

ニュースター・プロダクションは、2018年公開予定映画のヒロイン人材を求めて、全国規模のオーディションを開催します。あなたも映画のヒロインを目指して、応募してみませんか？

詳しくはこちら ニュースター・プロダクション 検索

入会のご案内

あなたも、幸福の科学に集い、ほんとうの幸福を見つけてみませんか？

幸福の科学では、大川隆法総裁が説く仏法真理をもとに、「どうすれば幸福になれるのか、また、他の人を幸福にできるのか」を学び、実践しています。

大川隆法総裁の教えを信じ、学ぼうとする方なら、どなたでも入会できます。入会された方には、『入会版「正心法語」』が授与されます。（入会の奉納は1,000円目安です）

ネットでも入会できます。詳しくは、下記URLへ。
happy-science.jp/joinus

仏弟子としてさらに信仰を深めたい方は、仏・法・僧の三宝への帰依を誓う「三帰誓願式」を受けることができます。三帰誓願者には、『仏説・正心法語』『祈願文①』『祈願文②』『エル・カンターレへの祈り』が授与されます。

植福は、ユートピア建設のために、自分の富を差し出す尊い布施の行為です。布施の機会として、毎月1口1,000円からお申込みいただける、「植福の会」がございます。

ご希望の方には、幸福の科学の小冊子（毎月1回）をお送りいたします。詳しくは、下記の電話番号までお問い合わせください。

月刊「幸福の科学」　ザ・伝道

ヤング・ブッダ　ヘルメス・エンゼルズ

INFORMATION　幸福の科学サービスセンター
TEL. 03-5793-1727 （受付時間 火〜金:10〜20時／土・日・祝日:10〜18時）
幸福の科学公式サイト happy-science.jp